AF454946

VERS LES SAULES

COMÉDIE

REPRÉSENTÉE LE 25 JUIN 1864

DANS LES SALONS

DE L'ÉTABLISSEMENT THERMAL DE VICHY

DU MÊME AUTEUR :

LES VIGNES FOLLES.

LES FLÈCHES D'OR.

SOUS PRESSE :

LA COMÉDIE ERRANTE.

FANTOCHES.

VERS LES SAULES

COMÉDIE

PAR

ALBERT GLATIGNY

PARIS
ACHILLE FAURE, LIBRAIRE
23, boulevard St-Martin.

VICHY
JULES CÉSAR, LIBRAIRE
rue Montaret, 2.

1864

PERSONNAGES

HENRI......................	MM. ARMAND GENTY.
MARCEL....................	AURÈLE
PONTCHARTRAIN	GAUDY.
HENRIETTE.................	MM^mes BORELLI-DELAHAYE.
BLONDINE..................	MARIE-PROTAT.
ÉLÉONORE.................	GUÉRARD.

A la campagne, au mois de juin.

VERS LES SAULES

Le théâtre représente un paysage dans les environs de Paris. Au fond, apparaissant entre les branches, de grands arbres et des buissons de roses, une rivière. A droite, un cabaret de village, riant à l'œil. A gauche, un banc de gazon sous une tonnelle de plantes grimpantes. (DÉCORS DE M. PLANTAD).

SCÈNE PREMIÈRE.

HENRI, BLONDINE.

HENRI entre.

Ramasse qui voudra mon cœur, je n'en veux plus!

BLONDINE, paraissant.

Je le prends.

Henri la regarde surpris. Elle continue :

Vous avez des trésors superflus?
Vous les jetez au vent et le vent me les donne.
Exécutez-vous donc, cher monsieur, je l'ordonne.
Ce cœur qui m'appartient, je le veux à l'instant.

HENRI.

Chère belle, ce cœur, qui m'embarrassait tant,
Qu'en ferez-vous?

BLONDINE

Qui sait ? une boucle d'oreille,
Une grappe semblable aux grappes de la treille
Et que je presserai dans mes petites mains ;
Le pelote de son où mes doigts inhumains
Enfonceront l'acier qui mord ma chevelure,
Ou bien j'effilerai sa fine dentelure
Pour en garnir ma robe aux volants étagés.

HENRI.

Ah ! mon cœur est bien vieux pour tant d'emplois, songez...
Comment vous nomme-t-on ?

BLONDINE.

Blondine.

HENRI.

O Blondinette !
Quand on se pend longtemps après une sonnette,
Le cordon, un beau jour, se casse.

BLONDINE.

Grand malheur !
On en achète un autre. Après ?

HENRI.

O lèvre en fleur !
Vous riez ! Le moulin, haut perché sur la butte,
Sait où votre bonnet, hier, fit sa culbute,
Au bruit des rires fous et des claires chansons,
Et, si nous cherchions bien, dans les prochains buissons
Les rubans du bonnet se trouveraient encore.
Abeille, vous savez où le miel se picore :
Ce corsage, ces yeux vifs, témoins éclatants,
Vont proclamer partout vos jeunes dix-huit ans.

Mais moi! comme un vieillard dont la nuque grisonne,
En matière d'amour, hélas ! je déraisonne,
Et, malgré les appels de vos yeux embrasés,
Ma lèvre ne sait plus où nichent les baisers !

BLONDINE.

Les cantonniers sont là pour indiquer la voie.

HENRI.

Non! ils se cachent tous, de peur qu'on ne les voie.

BLONDINE.

Écoutez, à me voir on dirait, je le sais,
Une cervelle en l'air. Pourtant, j'ai des accès
De bonté, qui parfois traversent ma folie.
Je connais les sentiers de la mélancolie.
Vous souffrez, je l'ai vu, car, par les jours d'été,
Celui qui s'en va seul est un être attristé.
Lorsqu'on entend frémir les airs de la guinguette,
Que le plaisir à deux vous appelle et vous guette
Et qu'il fait du soleil, il faut souffrir, vraiment,
Pour se complaire ainsi dans son isolement!
Or, moi qui ris toujours, je n'aime pas qu'on pleure.
Je vous suivais depuis quelque temps. Tout à l'heure,
Quand vous avez jeté ce cri désespéré,
Je riais, et mon cœur s'est tout à coup serré.
Cela m'a fait du mal. Et puis, je suis venue
Tendre à votre douleur une main inconnue,
Il est vrai, mais qui peut rendre vos maux moins lourds.
Allez-vous repousser ma patte de velours?

HENRI.

Cette petite main, je l'aime et je la baise,
Mais elle ne peut rien pour moi. Je suis obèse,
Triste, cassé. Mon âge est absurde.

BLONDINE.

Ah! vieillard!
Votre hâtif hiver est formé de brouillard,
Mais le brouillard s'en va, quand les clartés sereines
Embrasent l'horizon par les yeux des sirènes,
Quand les beaux jours de juin invitent les rêveurs,
Quand les pommes pour Ève ont de vertes saveurs!
Ce dimanche est charmant parmi tous les dimanches;
Regardez : les bras nus s'échappent de leurs manches,
Partout, joie et bonheur, et, si vous en doutiez,
Écoutez les couplets épars des canotiers!
Les amants, qui toujours trouvent où se repaître,
Bravent sous les bosquets l'œil du garde champêtre,
Et, sur l'enseigne en bois du riant cabaret,
Cupidon, qu'on barbouille avec du vin clairet,
Lance, sans nul repos, ses flèches éternelles,
Et les perd au milieu des nombreuses tonnelles!

HENRI.

Quand on porte le deuil de ses illusions...

BLONDINE.

Quand on est assailli de folles visions...

HENRI.

O passé bienheureux! Henriette! Henriette!

BLONDINE.

Ah! je la sais par cœur la vieille historiette
Que vos pleurs étouffés murmurent. Tout est vieux,
Tout rajeunit pourtant malgré les envieux!
Vous aimiez une femme, et la femme inconstante
Vers un autre pays porte aujourd'hui sa tente?
Mais, n'est-il qu'une vigne au monde où les raisins
Mûrissent? Il en est sur les côteaux voisins
Où la grappe sanglante est encore accrochée.
Nous pouvons nous donner la main. Je suis fachée

Avec Léon. Léon fut mon amant jadis,
Eh bien! nous chanterons un seul *De Profundis,*
Pour l'amour de Léon, pour l'amour de la belle!
Mais les pleurs sont fatals aux yeux. Je me rebelle
Contre le spleen morose et les pleurs ennuyeux!
Ma bouche veut s'ouvrir pour les éclats joyeux.
Or, j'ai quitté Paris et j'ai pris les gondoles
Pour les champs embaumés où, sous les girandoles,
Étoiles que l'on met aux feuillages touffus,
Les sons du violon mêlés aux bruits confus,
Semblent prendre nos pieds, et leur coudre des ailes!

HENRI.

Où, dans le bal poudreux, de vives demoiselles
Passent les yeux chargés de flammes et d'éclairs,
Où les vins du bouchon que l'eau sut rendre clairs,
Se boivent si gaîment sous la verte charmille,
Où tout rayonne, où tout flamboie, où tout fourmille!

BLONDINE.

Votre regard s'anime en en parlant. Pourquoi
N'y pas venir, monsieur, au lieu de rester coi
Comme un épouvantail à pierrots?

HENRI.

O Blondine!
La sagesse a touché ta lèvre grenadine.
Tu dictes le devoir, ô mon jeune mentor!
Ton ivresse a raison, et je suis un butor.

BLONDINE.

Eh bien, courons au bal tous les deux.

HENRI.

Oui, j'accepte!
Nous tâcherons de joindre un exemple au précepte
Et nous noîrons l'amour dans un amour nouveau!
Oui, le soleil de juin frappe sur mon cerveau!

Je veux aimer encore, aimer sous les ramures,
Aimer comme l'on aime au temps des moissons mûres,
Au milieu des bluets et des coquelicots,
Au milieu des baisers dont sont pleins les échos!

Il l'embrasse!

BLONDINE.

Eh! que faites-vous donc?

HENRI.

Je t'embrasse, Blondine!
Tiens, vois ce cabaret et lis : ICI L'ON DÎNE.

BLONDINE.

Je ne sais si je dois...

HENRI.

Pas de scrupules vains!
Ne t'en souviens-il plus, chère, c'est toi qui vins
Tout d'abord me parler de joie et de folie
Et ranimer en moi l'espérance pâlie!
J'avais jeté mon cœur et tu l'as ramassé,
Viens dîner! le menu sera bientôt dressé,
Et l'amour surgira, victorieux athlète,
Dans le rouge Argenteuil, les pieds sur l'omelette!

Ils entrent dans le cabaret. Paraissent, d'un autre côté, Henriette et Marcel.

SCÈNE II.

HENRIETTE, MARCEL.

HENRIETTE.

Là nous sommes venus dans le mois des bourgeons;
Des canards barbotaient dans la vase et les joncs,
De beaux petits canards que l'on mit à la broche...
Bon! ma robe aux buissons à chaque instant s'accroche.

MARCEL.

Tel mon cœur à vos yeux s'accroche, belle enfant.

HENRIETTE.

Est-il bête! Le poids de l'air est étouffant
Et vous me récitez de ces fadeurs énormes!

MARCEL.

Je vous aime!

HENRIETTE.

Allez donc m'attendre sous les ormes!

MARCEL.

Écoutez-moi...

HENRIETTE.

Voyons, taisez-vous, à la fin,
Ou plutôt, commandez le dîner, j'ai très-faim.

Marcel veut répondre, mais, sur un geste impérieux d'Henriette, il sort en disant :

Oh! l'adorable fille!

Henriette s'est assise au pied d'un arbre. Entrent par le fond, M. et Madame Pontchartrain.

SCÈNE III.

HENRIETTE, M. ET Mme PONTCHARTRAIN.

M. PONTCHARTRAIN.

Oui, nous pourrons, bichette,
Donner en cet endroit notre coup de fourchette.

ÉLÉONORE.

Ces bords de la rivière ont un calme si frais...
Oh! les rêves charmants qu'en ce lieu je ferais!

M. PONTCHARTRAIN.

Ouf! qu'il fait chaud!

ÉLÉONORE.

Arsène!

M. PONTCHARTRAIN.

Éléonore!

Ils passent.

SCÈNE IV.

HENRIETTE.

Aux branches
De ces arbres, jadis pleines de gaîtés franches,
J'ai pendu bien des fois mon mantelet. Souvent,
J'ai couru, les cheveux soulevés par le vent,
Sur ces bords. Il baisait mes tresses répandues
En ondes sur mon col. Vous êtes-vous perdues,
Belles heures d'amour que je cherche partout?
O Sèvres, Romainville, ô Meudon, Montretout,
Jardins, ô parcs semés de roses, sources pures,
Forêts dont le soleil colorait les guipures
De feuilles et de fleurs! Je suis triste aujourd'hui.
C'est qu'alors, il était près de mes côtés, lui!
Pourquoi l'ai-je quitté ? Dans ce mois de décembre,
Quand il s'est trouvé seul en sa petite chambre,
Quel froid l'a dû saisir alors! pauvre chéri,
Comme il a dû souffrir! tout seul! est-il guéri ?
Ah! sans doute qu'il a pris une autre maîtresse.
Comme j'arracherais les yeux de la traîtresse,
Si je la rencontrais quelque jour à son bras!
Oh! dans mon cœur, Henri, dans mon cœur, tu vivras.
Éternel souvenir des heures amoureuses,
Souvenir éternel des heures bienheureuses!

SCÈNE V.

HENRIETTE, HENRI.

HENRI revient.

Choisissons un endroit propre à notre repas,
Afin que les fâcheux ne nous dérangent pas.
Vive Blondine! c'est la maîtresse idéale.
Tu brilles sur son front, aurore boréale,
Et tout l'azur du ciel dans ses yeux est enclos.
Vive Blondine!

Henriette pleure, on entend un léger hoquet.

Tiens, on dirait des sanglots,
Une femme qui pleure? Elle est seule. Pauvrette,
Son chagrin passera. Je ne sais qui m'arrête
Auprès d'elle.

La reconnaissant.

Henriette!

HENRIETTE, avec un cri.

Ah! mon Dieu! te voilà.

HENRI.

Dire que tout ceci pourtant m'ensorcela.
O ma raison!

HENRIETTE.

Monsieur Henri...

HENRI.

Mademoiselle...
Ah! quel diable en mon cœur m'entraîne encor vers elle?

HENRIETTE.

Je voudrais vous parler, mais je n'ose.

HENRI.

Achevez.

HENRIETTE.

Vous allez bien depuis... le jour où... vous savez?

HENRI.

Où j'ai cru que j'allais mourir ! Vous êtes bonne.
Oui, ce sont de ces jours funèbres qu'on charbonne
Sur le mur, et ces jours ne s'effacent jamais...

HENRIETTE.

Autrefois... tous les deux...

HENRI.

Du temps que je t'aimais !
C'est le *Donec gratus*, la chanson éternelle !

HENRIETTE.

Quand nos mains se donnaient l'étreinte fraternelle
Dans ta petite chambre. Ah ! que nous nous aimions,
Henri ! La nuit venait doucement, nous rêvions,
Et le même sourire illuminait nos lèvres.

HENRI.

Puis, comme pour payer les bijoux des orfèvres,
L'amour ne suffit pas... Ah ! comme j'ai pleuré !
Si tu savais combien j'étais désespéré !

HENRIETTE.

Qu'il fait chaud ! Sous le poids de l'air trop chaud, on plie.
Et vous êtes venu... seul? Est-elle jolie ?

HENRI.

Qu'irait-on faire au bois tout seul ! J'ai sous le bras
Dix-huit ans en jupon.

HENRIETTE.

Tu me la montreras.
Comment la nommes-tu !

HENRI.

Blondine.

HENRIETTE.

Ah ! cette fille ?
Mais vous n'y songez pas, Henri, cela babille
Ainsi qu'un perroquet.

HENRI.

Elle parle à mon cœur.

HENRIETTE.

Mais ses yeux ont toujours un air louche et moqueur.

HENRI.

Je les ai vus s'ouvrir, et la jeune espérance
A coloré pour moi leur calme transparence.

HENRIETTE.

Non ! Ce n'est pas cela qu'il vous faut. A son nom
J'ai tressailli de haine et de colère, non,
Henri, ne l'aimez pas. Cette fille est méchante,
Rien en elle ne vibre, en elle rien ne chante,
Comme elle vous rendrait malheureux !

HENRI.

Moins pourtant
Que celle qui s'en est allée en emportant
Mes rêves les plus chers ! Ah ! moins que cette ingrate
Qui m'a fui lâchement, trouvant, l'aristocrate,
Que ma chambre n'avait pas assez d'acajou,
Et qui m'a laissé là comme on fait d'un joujou,

Pour un je ne sais qui doré sur les coutures !
Elle était bien aimée entre les créatures,
Cependant, cette fille aux froides cruautés !

HENRIETTE

Dites-moi, n'est-ce pas que vous la regrettez ?

HENRI.

Son épaule, le soir, était douce à ma tête,

HENRIETTE.

Et pour la recevoir toujours elle était prête.

Elle attire la tête de Henri sur son épaule, tous deux se regardent, rouges et embarrassés.

HENRI.

O bizarre destin ! Quand je la rencontrais
Parfois sur l'escalier, son visage si frais,
Son nez si bien rosé, sa démarche hardie,
Tout ce qui faisait d'elle une enfant étourdie,
Rien ne conseillait l'amour, et je passais
Insoucieux, et toi, cher ange, tu pressais
Le pas, en murmurant : Que ce garçon est drôle !
Un jour... Ah ! quel démon nous soufflait notre rôle ?
Nous nous entretenions comme de gais amants.
Je t'aimais, tu m'aimais, oh ! quels enivrements !

HENRIETTE.

Comme vous passiez vite, adorables soirées !

HENRI.

C'était l'hiver, la nuit abrégeait les vesprées.

HENRIETTE.

Et comme nous courions parlant à demi-voix,
Dans la neige, ignorant si les vents étaient froids !

HENRI.

Je t'aimais en ce temps où les portes sont closes,
Où l'on s'embrasse, où l'on dit mille folles choses,

Près de l'âtre où souvent le feu ne flambait plus.
Mais nous n'en savions rien tous les deux! Tu me plus
Dans la morne saison où le grand ciel s'ennuie
D'être toujours rayé par la bise et la pluie.
O folle! tu jouais avec mes vieux bouquins.
Lorsque je regardais tes petits brodequins
Revenir au logis, crottés et tout humides,
Je disais : Espérons ! Quand les bourgeons timides
Annonceront avril et les prés refleuris,
On pourra s'envoler pour un jour de Paris.
Les arbres, enivrés de leur nouvelle sève,
Ombrageront la mousse ; oui, j'avais fait ce rève.
Je nous voyais tous deux marcher, jeunes et fous,
Eveillant les échos bruyants autour de nous ;
L'hiver est loin déjà; les chansons éclatantes
Agitent le rideau des feuilles palpitantes,
Je suis seul! Et pourtant, voilà bien le décor
Rêvé pour le bonheur!

HENRIETTE, lui jetant ses bras autour du cou.

Nous sommes deux encor!

HENRI.

Que me dis-tu!

HENRIETTE.

Henri, c'est l'époque des roses,
Les roses auraient peur devant nos fronts moroses,
Aimons-nous et rions ! Ecoute dans mon sein
Mon cœur se ranimer et battre le tocsin.
Oui, tu verras mes pieds vagabonder dans l'herbe
Et mes mains entasser les pervenches en gerbe,
Viens! l'air retentira du cri de nos amours,
Je suis folle de joie, et je t'aime toujours!

HENRI.

Ah ! reste dans mes bras ! Reste, que je la baise
Cette tête adorée. Ah! mauvaise! mauvaise!
Que tu m'as fait de mal ! Si tu pouvais savoir
Tout ce que j'ai souffert? Si tu m'avais pu voir

Heurter en sanglotant mon front sur les murailles,
Et demander pourquoi l'heure des funérailles
Était lente à venir ainsi ? Quand j'ai reçu
Ce coup, je suis tombé. Ceux qui m'ont aperçu
Les premiers dans ma chambre ont dit : Pauvre jeune homme !
Il n'en reviendra pas ! Et le père Anthiome,
Tu sais notre voisin, oh ! ce bon vieux ! c'est lui
Qui m'a le mieux aidé pendant ces jours d'ennui
A porter ma douleur. Tu lui tendras ta joue
Ce soir. Il ne faut pas trop lui faire la moue,
Car il va te gronder, sois en-sûre. Ah ! mon Dieu !
Dis, tu n'essaîras plus de jouer à ce jeu ?

HENRIETTE.

Pardonne-moi, Henri,

HENRI.

Oui. Car pendant ces heures,
J'évoquais devant moi les autres, les meilleures,
Celles qui se passaient en rires infinis,
Je vivais ces moments à tout jamais bénis !
Et puis, l'illusion, aidant à la mémoire,
J'étais heureux. Mon cœur était comme une armoire
Où tous mes souvenirs étaient numérotés,
Alors, il me semblait te voir à mes côtés.
Oui, mon isolement et mes larmes brûlantes,
Mes désespoirs sans fin et mes angoisses lentes,
Tout ce qui m'a vieilli, tout ce qui m'a glacé,
Je te pardonne tout, pour le bonheur passé !

HENRIETTE.

Eh bien, pardonne aussi pour l'ivresse future,
Pour le bonheur présent.

HENRI.

O chère créature
Perdue et retrouvée !

Ils se tiennent embrassés. Survient Marcel.

SCÈNE VI.

HENRIETTE, HENRI, MARCEL.

MARCEL.

Admirable tableau !
Symphonie amoureuse où je fais un solo !

HENRIETTE.

Tiens! C'est vous ?

MARCEL.

Oui, c'est moi. Merci de la surprise
Que vous me prépariez.

HENRIETTE.

Mon cher, aucune brise
N'a soulevé mon cœur sur ses ailes pour vous.
L'hirondelle retourne à l'ancien nid, si doux,
Qu'elle aurait du toujours y demeurer blottie.

MARCEL.

Perfide !

HENRIETTE.

Et de quel droit cette absurde sortie !
Quand vous ai-je promis quelque chose ?

MARCEL.

Il est vrai...
Mais en prenant mon bras...

HENRIETTE.

J'ai dit : Je vous suivrai
A la campagne, mais, condition expresse :
Vous ne me soufflerez pas un mot de tendresse.

MARCEL.

Je ne dis pas non, mais...

HENRIETTE, riant.

Ah ! ah ! pauvre garçon !
J'ai retrouvé Henri. Vous savez la chanson ?

MARCEL.

Mais être venu deux et rester seul, c'est bête,
Surtout quand le soleil vous donne sur la tête.

HENRI.

Lydie est revenue, ô Calaïs ; allez
Chercher quelque amoureuse ailleurs, si vous voulez !

HENRIETTE.

Adieu, Marcel ! l'oubli vous sera bien facile.

Elle prend le bras de Henri et sort en chantant :

Et l'on revient toujours,
A ses premiers amours.

SCÈNE VII.

MARCEL, seul.

Encore cet oiseau qui m'échappe ! Imbécile !
Que pensez-vous de moi, tonnelles, verts rideaux,
Qui me regardez là, sottement, grands badauds !
Quitterai-je les champs tapageurs où l'on pêche,
Sans avoir effleuré le velours d'une pêche ?
Non ! non ! je veux rester, je resterai ! Tant pis !
Mais il faut que j'égrène aussi quelques épis
Dans la blonde campagne avec la Dorimène
Que le sort vers l'endroit où sont mes pas amène !
En route pour l'amour ! Cherchons bien. Justement
Une dame, un monsieur vieux et laid, c'est charmant !

Entrent M. et Mme Pontchartrain.

SCÈNE VIII.

MARCEL, M. et Mme PONTCHARTRAIN.

M. PONTCHARTRAIN.

Certes, il est des cas où le sage recule,
C'est un fait avéré...

ÉLÉONORE.

Vous êtes ridicule.

MARCEL, s'approchant.

Je suis de votre avis, madame.

M. PONTCHARTRAIN.

Hein! quel est
Cet intrus, et pour quoi me prend-il, s'il vous plaît?

MARCEL.

Je ne vous parle pas, monsieur.

M. PONTCHARTRAIN.

Comment?

MARCEL.

J'approuve
Ce que madame a dit à l'instant, et je trouve
Qu'elle a deux fois raison. Donnez-moi donc la paix.
Oui, madame, cet homme est un butor épais,
Vous ayant...

M. PONTCHARTRAIN.

Mais, monsieur...

MARCEL.

Assez sur ce chapitre.

M. PONTCHARTRAIN.

Ah! vous êtes encore un bien singulier pître,
Convenons-en! Monsieur arrive là tout droit,
Me trouve ridicule, et je n'ai pas le droit
De me fâcher! Allons, mais je n'aurais pas d'âme!

MARCEL.

Encore un coup, monsieur, je m'adresse à madame.

ÉLÉONORE, avec douceur.

C'est à moi qu'il s'adresse.

M. PONTCHARTRAIN, anéanti.

Ah! très-bien! je me tais.
Grands dieux!

MARCEL.

Figurez-vous, madame, que j'étais
A la campagne, avec une jeune amoureuse,
Charmante, vive et folle, un oiseau! Vaporeuse
A l'excès. Nous étions venus là pour dîner
Ensemble ; puis après nous devions cheminer
Par les sentiers perdus, où notre dialogue
Fût devenu bien vite une divine églogue.
Or, dès les premiers vers à peine murmurés,
Brisant et disloquant les mètres préparés,
Tombe un monsieur du ciel. Mon amante, ô frivole!
Tressaille, pousse un cri, puis dans ses bras s'envole.
Je reste là, madame. Et notez que j'avais
Un tas de madrigaux qui n'étaient point mauvais,
Un galant répertoire admirablement tendre,
Et personne, personne à qui le faire entendre!
C'était navrant! Rentrer en dedans mon amour.
Mais je vous vois, madame, et je vous fais la cour;
Je tombe à vos genoux, je saisis vos petites
Menottes, qui nous font songer aux clématites,
A la neige, au jasmin si pur, au lys vainqueur.
J'y répands mes baisers. Voulez-vous de mon cœur?

Vous riez doucement. Car, sur votre visage,
Le rire est un rayon dans un frais paysage,
Et je prends votre bras, que vous m'abandonnez.

M. PONTCHARTRAIN.

Et que fais-je en ceci, monsieur?

MARCEL.

Vous me gênez.

M. PONTCHARTRAIN.

Mon Dieu!

MARCEL.

Que fais-je en somme? Une chose ordinaire.

M. PONTCHARTRAIN, *foudroyé.*

Quoi, la cour à ma femme, et vous!... sang et tonnerre!

MARCEL, *sans l'écouter.*

Donc, madame, vos yeux ont de charmants reflets.
Tels brillent dans les cieux embrasés, les palais
Où le rouge Phébus remise sa berline.
Vous avez une grâce adorable et féline;
Vos mains sont d'un enfant; j'adore votre front,
Ciel pur que les soucis jamais n'obscurciront;
Vos douces lèvres sont pareilles aux grenades,
Une abeille y viendrait guider ses promenades.
N'est-ce pas qu'il est doux, quand on a tout cela,
Les yeux où le Soleil lui-même étincela
Le charme, la beauté, la voix pure et sonore,
De se l'entendre dire ainsi qu'...

M. PONTCHARTRAIN, *éclatant.*

Eléonore!

MARCEL.

De se l'entendre dire ainsi qu'à vos genoux,
Madame, je le dis.

M. PONTCHARTRAIN.

Dieux bons! où sommes-nous!
Vous allez mettre un terme à ces propos bizarres!

Marcel sans répondre, embrasse la main de la dame.

M. PONTCHARTRAIN.

Eh! que faites-vous donc?

MARCEL.

Parbleu! je prends des arrhes.

M. PONTCHARTRAIN.

Voulez...

MARCEL.

Il est des gens bien impatientants.
On m'appelle Marcel, Madame, et j'ai vingt ans,
Me voulez-vous aimer?

M. PONTCHARTRAIN.

Est-ce ainsi qu'on me berne!
Vous allez à l'instant mettre en votre giberne,
Mon beau soldat d'amour, ces déclarations.

MARCEL.

Vous m'ennuyez avec vos interruptions!
Voyons! me voulez-vous chercher une querelle?
J'accepte!

M. PONTCHARTRAIN.

Ma femme est...

MARCEL.

Je me battrai pour elle
Et vous boirez mon sang, énorme spadassin!

M. PONTCHARTRAIN.

Spadassin!

MARCEL.

Vous voulez vous rougir dans mon sein,
Rougissez!

M. PONTCHARTRAIN.

Mais du tout!

ÉLÉONORE, *éplorée.*

Au secours!

SCÈNE IX.

HENRIETTE, HENRI, les PONTCHARTRAIN, MARCEL.

HENRIETTE ET HENRI, *attirés par le bruit.*

Qu'est-ce? qu'est-ce?

MARCEL.

Eh rien, c'est le fracas de cette grosse caisse.

HENRI.

Mon oncle Pontchartrain!

M. PONTCHARTRAIN.

C'est toi! Dieu soit loué!
Viens défendre ton oncle, ô neveu dévoué!

HENRI, *majestueux.*

Vous n'avez pas toujours, pour moi, l'un de vos proches,
Été, comme Bayard, un oncle sans reproches,
Et je vais demander souvent aux usuriers,
Quand les temps sont mauvais, l'argent que vous pourriez
Me donner. Vous m'avez refusé ma cousine
Pour lui faire épouser je ne sais quelle usine,

Mais je serai clément, comme le sont les dieux,
Plus peut-être. Je suis miséricordieux,
Mais juste cependant. Parlez, jouïs la cause.

M. PONTCHARTRAIN.

Tu seras indigné quand tu sauras ce qu'ose
Ce jeune homme.

HENRI.

Monsieur Marcel !

HENRIETTE.

Un bon garçon.

HENRI.

Spirituel.

ÉLÉONORE.

Aimable.

M. PONTCHARTRAIN.

Et qui vient sans façon
Me dire que je suis ridicule, à ma face !
Mais ce n'est qu'un détail oiseux, et je l'efface.

HENRI.

Hé ! diable !

M. PONTCHARTRAIN.

Il tombe aux pieds de mon épouse, puis
Dit qu'il l'aime. Je suis calme autant que je puis,
Je parle doucement d'abord, monsieur m'envoie
Haranguer les moineaux, et veut que je le voie
Tranquillement conter ses fleurettes en l'air

MARCEL.

Allons, modérez-vous, monsieur, vous avez l'air
D'un dentiste enrhumé. Soyez donc plus auguste.

HENRI.

Les ennuis sont un vin que le sage déguste
Quand le moment en vient. Mon oncle, dégustez.

A Marcel.

Mais qui peut vous conduire à ces extrémités
D'aller faire la cour à ma tante?

MARCEL.

La faute
De tout ceci, monsieur, sur le soleil ressaute.
Que faire un jour de juin, quand on est dans les champs,
Qu'autour de vous, partout, sur les coteaux penchants,
Sur la route, on entend jaser sous les ombrelles
Des couples de ramiers avec leurs tourterelles!
On boit l'amour dans l'air. Moi j'étais venu deux,
Et vous avez trompé mon espoir hasardeux.
De là ma rage. Puis, vous m'avez dit vous-même:
Lydie est revenue, ô Calaïs, et m'aime,
Cherchez quelque amoureuse ailleurs si vous voulez!

M. PONTCHARTRAIN, *à Henri.*

Tu l'as dit?

HENRI.

Je l'ai dit.

M. PONTCHARTRAIN.

Mes esprits sont troublés.

HENRI.

Mon oncle, vous voyez; maintenant tout s'explique.

M. PONTCHARTRAIN.

Sa conduite à présent me paraît moins oblique.

MARCEL.

Madame se présente. Elle a de fort beaux yeux.
Peut-on n'en pas sentir le charme gracieux?

HENRI.

Ce n'est guère facile en effet.

MARCEL.

A ma place
Qu'eussiez-vous fait, monsieur? car on n'est pas de glace.
Les yeux sont faits pour voir et le cœur pour sentir?

HENRI.

L'argument est logique. Essayez d'en sortir.

M. PONTCHARTRAIN.

Mon neveu, tout ceci me rend l'esprit perplexe,
Certes, il a raison, mais pourtant ça me vexe...
Tiens, je pars.

SCÈNE X.

LES MÊMES, BLONDINE.

BLONDINE, paraissant sur le seuil du cabaret.

Ça, voilà deux heures que j'attends.
Mouvement général.

HENRIETTE.

Cette femme, c'était...

HENRI, à Blondine.

Ma chère, un contre-temps
Survient dans nos amours et finit le volume
Dont le commencement est resté dans la plume.
L'encre manquait. Pourquoi fatiguer le papier
Qu'on froisserait en vain sans y rien copier?

L'oiseau du souvenir gazouillait dans les chênes,
Et mon cœur s'est repris à ses premières chaînes.

BLONDINE.

Eh, n'en rougissez pas! heureux qui peut aimer,
Mais plus heureux celui qui voit se ranimer
L'amour qu'il oubliait, un jour d'ingratitude!
Que voulais-je? jeter en votre solitude,
Un peu de ma folie, un peu de ma gaîté!
Et, complice en cela du soleil de l'été,
Quand vous niiez la joie, arrêter vos blasphèmes
Qui se sont, à présent, interrompus d'eux-mêmes.
Adieu donc! je m'en vais vous laissant, pauvre oiseau,
Vous débattre à votre aise au milieu du réseau
Fatal, où la sirène à la voix tentatrice
Vous a repris encor.

HENRI.

Chère consolatrice
Qui vous consolera? Qui consolerez-vous
Maintenant?

MARCEL, à Blondine.

Vous voyez un homme à vos genoux,
Qui vous offre son bras pour aller dans la plaine,
Un homme abandonné. Vous pouvez, Madeleine,
Encore cette fois répandre vos parfums.

BLONDINE.

Nous verrons.

MARCEL.

Voyez vite.

HENRI.

A nos ennuis défunts!
Buvons et que la joie étincelle et fleurisse!

BLONDINE, *au public.*

Notre auteur n'a voulu peindre que son caprice,
Dans cette comédie où tout va de travers.
Quand il a secoué les rimes de nos vers,
Sa raison voyageait sur une mer lointaine.

HENRIETTE.

O messieurs ! désarmez la critique incertaine
Pour cette œuvre où l'amour allume son fanal,
Et qui prend nos baisers pour tout couplet final.

FIN.

DU MÊME AUTEUR :

LES VIGNES FOLLES.

LES FLÈCHES D'OR.

SOUS PRESSE.

LA COMÉDIE ERRANTE.

FANTOCHES.

Paris. — Imp. Rochette, Létang et Wallon, rue du Chemin-de-Reuilly, 12.

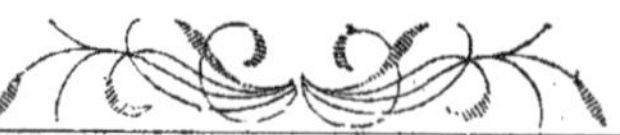

EN VENTE A LA MÊME LIBRAIRIE

Mémoires d'une Biche anglaise, avec un portrait photographié de l'héroïne des Mémoires. 1 vol. .... 3 fr.

Nos Gens de lettres, par Alcide Dusolées. 1 vol. .... 3 fr.

Les Amours de Henri IV, par M. de Lescure. Un beau et fort vol. in-18 jésus, avec 4 portraits historiques. .... 4 fr.

Les Ornières de la vie, par Jules Claretie. 1 vol. in-18 avec 2 vignettes .... 3 fr.

Les Mémoires d'un Cabotin, par Henri de Kock. 1 vol. avec 3 vignettes .... 3 fr.

La nouvelle Manon, par Henri de Kock. 1 vol. in-18 jésus, avec une eau-forte .... 3 fr.

La Voleuse d'Amour, par Henry de Kock. 2e édit. 1 vol. in-18 jésus, orné de 5 vignettes .... 3 fr.

Les Accapareuses, par Henry de Kock. 1 vol. in-18 jésus, avec 2 vignettes .... 3 fr.

En Vacances, par Oscar Comettant. 1 vol. in-18 jésus, avec 2 vignettes .... 3 fr.

L'Amérique telle qu'elle est, par Oscar Comettant. 1 vol. in-18 jésus, avec 2 vignettes .... 3 fr.

Les Finesses de d'Argenson, par Adrien Paul. 1 vol. in-18 jésus, avec 2 vignettes .... 3 fr.

Les Sabotiers de la forêt Noire, par Emmanuel Gonzalès. 1 vol. in-18 jésus, avec 2 vignettes .... 3 fr.

Jeanne de Valbelle, par Casimir Blanc. Un volume in-18 jésus, avec 2 vignettes .... 3 fr.

Un Mariage scandaleux, par André Léo. (Deuxième édition), 1 vol. in-18 jésus .... 3 fr.

La Télégraphie électrique, son histoire, etc. par Philippe Dauriac. 1 vol. in-18 jésus, ... 1 fr. 50

L'Amateur photographe, par Ch. Bride. *Guide pratique de photographie*, avec nombreuses vignettes. 1 vol. in-18 .... 3 fr.

La France travestie, carte drôlatique et mnémonique, reproduisant en vers burlesques la nomenclature des 92 départements de France et d'Algérie, et de leurs 385 préfectures et sous-préfectures. 1 vol. in-18 raisin .... 1 fr.

Femmes et Fleurs, *Petites photographies badines,* par Ch. Malo, 1 joli volume in-32 jésus .... 1 fr. 50

Imp. Rochette, Letang et Wallon, Chemin-de-Reuilly, 12, Paris.

www.ingramcontent.com/pod-product-compliance
Ingram Content Group UK Ltd.
Pitfield, Milton Keynes, MK11 3LW, UK
UKHW021033260726
13994UKWH00005B/2123

9 782329 424835